AF376038

TRAVAUX SCIENTIFIQUES

DU

Dᵣ Adrien PIC

EXPOSÉ

DES

TRAVAUX SCIENTIFIQUES

DU

Dr Adrien PIC

Ancien interne des Hôpitaux de Lyon

PARIS

ASSELIN et HOUZEAU

LIBRAIRES DE LA FACULTÉ DE MÉDECINE

Place de l'École-de-Médecine

1892

INDEX BIBLIOGRAPHIQUE

I. — **Endocardite végétante à forme infectieuse.**

(*Lyon médical.* — Mars 1887).

II. — **Cancer du corps thyroïde avec cancer secondaire des muscles soléaire et jumeaux.**

(*Lyon médical.* — Juillet 1888).

III. — **Fibrome aponévrotique de l'ombilic.**

(*Lyon médical.* — Décembre 1888).

IV. — **Étude clinique et anatomo-pathologique du Cancer primitif du pancréas.** — Travail du Laboratoire d'anatomie pathologique de la Faculté. (En collaboration avec M. le Docteur Bard, agrégé, chef des Travaux d'anatomie pathologique à la Faculté).

(*Revue de médecine.* — 1888).

V. — **Note sur un squelette atteint d'exostoses ostéogéniques multiples.**

(*Gazette hebdomadaire des Sciences médicales.* — 1890, n° 39.)

VI. — **De l'intervention chirurgicale dans les Péritonites Tuberculeuses généralisées et localisées.** — (Thèse pour le doctorat, Lyon, 1890, 1 vol. in-8, 261 p., J.-B. Baillière et fils, Paris, 1890).

VII. — **Contribution à l'étude du Cancer secondaire du cœur.** — Travail de la Clinique médicale de M. le professeur Bondet, et du Laboratoire d'anatomie pathologique de la Faculté. (En collaboration avec M. LE DOCTEUR BRET).

(*Revue de médecine.* — Décembre 1891.)

VIII. — **Observations** isolées, publiées dans divers Mémoires ou Thèses (1886-1890).

IX. — **Communications orales** avec présentation de pièces anatomiques *à la Société des Sciences médicales de Lyon* (1888-1890).

ÉTUDES HISTOLOGIQUES

TUMEURS

A. — Tumeurs en général.

(*Passim*, *in* II, III, IV et VI (1).)

Tous les tissus normaux peuvent, avec des degrés divers de fréquence, donner naissance à des tumeurs capables d'en reproduire le type, soit adulte, soit embryonnaire. Le nombre des espèces de tumeurs, bénignes ou malignes, n'a donc d'autre limite que le nombre même des tissus de l'économie. Il est évident, par conséquent, que chacun des tissus d'un même organe peut être individuellement le point de départ d'un néoplasme.

La caractéristique d'une tumeur est fournie par l'élément cellulaire hyperplasié, qui en constitue le tissu fondamental, et non par le stroma intercellulaire, dont l'importance, tout accessoire, ne peut servir qu'à distinguer des variétés dans chaque espèce de tumeur. Plus ce tissu fondamental est embryonnaire, plus est rapide son propre accroissement, et, par voie de conséquence, le développement de la tumeur tout entière.

Une des principales conséquences de la rapidité d'accroissement est la cachexie, qui dépend, en outre, probablement, des propriétés spéciales des éléments cellulaires de la tumeur considérée.

Les différents modes de généralisation des tumeurs dépendent de causes complexes, et, en particulier, du degré de cohésion des cellules entre elles, ainsi que des connexions vasculaires, sanguines et lymphatiques, du néoplasme.

---

(1) Au cours de cet exposé, les chiffres romains, placés à la suite du titre d'un paragraphe, renvoient aux chiffres correspondants de notre index bibliographique.

Ces connexions permettent aux cellules du néoplasme originel d'être transportées, par la lymphe ou plus souvent par le sang, dans divers organes où elles se greffent, prolifèrent et déterminent la formation d'un cancer secondaire dont le type cellulaire est identique à celui du néoplasme originel.

— Telles sont les idées générales qui se dégagent de l'ensemble de nos publications sur les tumeurs ; on sait qu'elles appartiennent intégralement à notre maître, M. Bard, qui a développé et généralisé les théories de Müller, de Ch. Robin, de Thiersch et Waldeyer. Aussi, n'avons-nous eu ici nulle intention de nous les attribuer. Il nous a seulement paru utile, au début de l'exposé de diverses études où ces théories sont souvent invoquées, d'en retracer sommairement les grandes lignes, dans l'unique but d'éviter les redites.

Nous avons, en effet, grâce à la bienveillance à notre égard de M. le professeur R. Tripier, dans le laboratoire duquel nous avons étudié pendant cinq ans, sous la direction immédiate de M. Bard, pu contribuer pour une faible part à confirmer ces données générales par l'étude de plusieurs cas particuliers ; nous l'avons fait, soit avec la collaboration de M. Bard, soit dans des Mémoires qui nous sont personnels, mais qui ont été faits sous son contrôle.

B. — TUMEURS BÉNIGNES.

Fibrome aponévrotique de l'ombilic (III).

La tumeur que nous avons étudiée était développée aux dépens du fascia transversalis ; elle était constituée par du tissu conjonctif exclusivement ; ce tissu se présentait sous la forme de faisceaux ondulés, pour la plupart parallèles entre eux, mais ne présentant pas néanmoins une orientation constante sur les divers points de la tumeur. Les cellules étaient nombreuses, assez bien développées, fusiformes et ne se présentaient pas sous la forme de cellules embryonnaires à gros noyau et pauvres en protoplasma, habituelle aux cancers conjonctifs. L'épithète de « *tumeur intermédiaire du tissu conjonctif modelé du type aponévrotique* » nous a paru indiquer à la fois la structure et l'origine de cette tumeur, ainsi que sa place dans l'échelle de malignité des tumeurs conjonctives.

Avant nous, MM. Labbé et Rémy avaient fait remarquer que, dans les fibromes de la paroi abdominale, l'abondance des éléments du tissu fibreux en voie de développement ne devait pas entraîner fatalement un pronostic grave. Toutes les tumeurs qu'ils avaient observées étaient composées de tissu fibreux riches en cellules, et cependant aucune n'avait récidivé ni infecté l'économie. Aussi donnaient-ils à toutes leurs tumeurs de la paroi abdominale, quelle que soit la part que prît dans leur structure le tissu conjonctif jeune, le nom de fibrome, mais jamais celui de fibro-sarcome.

Pour nous, la cachexie, étant une sorte d'auto-intoxication, est fonction, dans une certaine mesure, du rôle physiologique du tissu normal dont le néoplasme dérive. Il est dès lors facile de comprendre qu'une tumeur développée aux dépens d'une aponévrose ne puisse jamais produire une cachexie comparable à celle d'un cancer de l'estomac.

Deux points intéressants se dégagent en outre de cette étude : nous avons apporté une nouvelle preuve de l'indépendance fréquente des fibromes de la paroi abdominale vis-à-vis du squelette et de la possibilité de leur développement au niveau même de l'ombilic; Labbé et Rémy n'en connaissaient pas d'observation. M. Villar, après nous (*Tumeurs de l'ombilic, Gaz. des hôp.*, 1890), et en nous citant, en a rapporté d'autres observations.

C. — Tumeurs malignes.

Cancer du corps thyroïde
Avec cancer secondaire des muscles soléaire et jumeaux (II).

La tumeur thyroïdienne était constituée par un amas de cellules embryonnaires, arrondies, petites, répondant au type histologique des cellules des cancers primitifs du corps thyroïde, ainsi qu'il a été décrit par M. Orcel dans sa thèse (Lyon, 1889); l'ensemble de la tumeur constituait un épithélioma sans stroma (sarcome, d'après la nomenclature classique). Sur les coupes de la tumeur des muscles soléaire et jumeaux, à part quelques bandes de tissu fibreux adulte et ondulé, en petit nombre, la structure était identique à celle de la tumeur primitive, si bien que la différenciation entre les deux sortes de coupes était impossible à faire au centre de la tumeur, où l'on ne trouvait plus traces de tissu musculaire ou tendineux.

En résumé, il s'agissait d'un cancer primitif développé aux dépens des cellules propres épithéliales du corps thyroïde, et la tumeur du soléaire n'était qu'un noyau secondaire de la tumeur thyroïdienne. C'est la première fois, croyons-nous, que l'on ait signalé un cancer intra-musculaire secondaire à un cancer du corps thyroïde, bien que l'on eût plusieurs fois noté des généralisations viscérales ou osseuses.

Cancer secondaire du cœur (VII).

Le cancer secondaire du cœur, beaucoup plus fréquent que le cancer primitif, n'a pas de type histologique propre, mais ses caractères varient avec ceux de la tumeur primitive, qu'ils reproduisent exactement.

Ainsi, dans notre observation I, la tumeur primitive étant un cancroïde de la face, les tumeurs secondaires du myocarde, comme celles de la rate, de la jambe, de l'intestin, avaient une structure identique, celle de l'épithélioma corné.

Dans l'observation II, généralisation d'un cancer de l'œsophage, la tumeur du cœur avait la structure de l'épithélioma du type épidermique sans stroma.

Enfin, dans l'observation III, la tumeur du cœur avait la structure de l'épithélioma épidermique corné embryonnaire, comme la tumeur primitive de l'œsophage, et comme les noyaux secondaires du foie, du poumon, de la rate.

En réunissant nos faits personnels à ceux déjà publiés, nous avons montré que les observations jusqu'ici connues, de cancers secondaires du cœur, ont toutes trait à des épithéliomes, les uns épidermiques, les autres cylindriques ou glandulaires — sans stroma ou à stroma plus ou moins adulte, souvent d'aspect alvéolaire.

Une étude détaillée de nos observations nous a prouvé que la voie d'invasion du cœur était le plus souvent la voie vasculaire sanguine.

On a noté la coïncidence d'un cancer secondaire du cœur avec une tumeur primitive de la plupart des organes ; mais, le plus fréquemment, le néoplasme originel siégeait dans la cavité thoracique, ou s'y était préalablement généralisé.

———

Cancer primitif du pancréas (IV).

Étude histologique.

Il existe dans le pancréas deux variétés d'épithélium, l'épithélium glandulaire, qui est arrondi, et celui des canaux excréteurs, qui est de forme cylindrique. Aussi peut-on observer deux espèces de cancers pancréatiques, répondant l'un au type glandulaire, l'autre au type excrétoire. Le type glandulaire est le plus fréquent. C'est en effet une loi générale que de deux tissus épithéliaux entrant dans la constitution d'un organe, celui qui devient le plus fréquemment le point de départ d'un néoplasme, est précisément celui dont les éléments présentent, à l'état normal, le renouvellement physiologique le plus actif; dans le pancréas, c'est assurément l'élément sécréteur, c'est-à-dire la cellule glandulaire. Sur nos sept cas, il y a six cancers glandulaires.

Le **type glandulaire** offre à étudier les cellules et le stroma.

Les cellules sont volumineuses, arrondies au centre, cubiques à la périphérie par pression réciproque ; protoplasma abondant, granuleux, jaune clair ; noyau ovalaire, sans nucléoles ; globes hyalins dans les cellules anciennes.

Le stroma est formé de tissu conjonctif, à disposition générale alvéolaire.

— Plus l'évolution du processus a été lente, plus le stroma prend une importance prépondérante et l'aspect du tissu conjonctif adulte, ce qui permet de distinguer trois variétés : épithéliomes glandulaires tubulé, alvéolaire, et à stroma prépondérant ; cette dernière forme pourrait parfois être confondue, à un examen superficiel, avec de la sclérose simple. En outre, ces trois formes peuvent coexister en des points différents d'une même tumeur, et constituer ainsi une série de zones distinctes, irrégulièrement distribuées dans les coupes.

Type excrétoire. — Epithélioma cylindrique lobulé.

Types interstitiels. — Le pancréas comprenant, dans sa structure, outre l'épithélium, du tissu conjonctif et du tissu lymphoïde, ces tissus peuvent être le point de départ de néoplasmes. MM. Lépine et Cornil ont en effet décrit un lymphome du pancréas. Nous n'avons pas observé de cas analogue.

Noyaux secondaires. — Il nous suffit de rappeler que toujours les noyaux filles se sont montrés du même type cellulaire que le noyau mère, mais à une étape cellulaire ordinairement plus inférieure que le noyau primitif ; ce qui est en rapport avec ce fait d'observation clinique qu'ils se sont, en général, développés plus rapidement que la tumeur primitive.

ÉTUDES CLINIQUES

ET

ANATOMO-PATHOLOGIQUES

CANCER PRIMITIF DU PANCRÉAS (IV).

Anatomie pathologique.

Le cancer primitif du pancréas est habituellement localisé à la tête de l'organe, qui est augmentée de volume, globuleuse, d'une dureté ligneuse, d'un aspect blanchâtre, lardacé à la coupe ; dans son intérieur on retrouve le canal cholédoque et le canal de Wirsung, comprimés ou même oblitérés dans leur trajet à travers la tête du pancréas ; en amont ils sont dilatés, ainsi que la vésicule biliaire et les voies biliaires en général.

Le péritoine présente des traces d'inflammation ; des brides péritonéales ont pu dans un cas comprimer l'uretère et produire de l'hydronéphrose.

Le foie présente une imprégnation biliaire remarquable, lui donnant une teinte verdâtre généralisée, sur laquelle tranchent fréquemment des nodules secondaires ordinairement très nombreux mais peu volumineux, d'une coloration blanc mat assez analogue à celle des taches de bougie.

Dans un cas le foie offrait les lésions de la cirrhose atrophique de Laënnec ; dans les autres où l'œil nu ne révélait aucune lésion, l'étude histologique montra toujours un certain degré de cirrhose biliaire.

Les noyaux secondaires, à part ceux du foie, sont relativement rares.

Symptômes.

Les **symptômes** du cancer primitif du pancréas constituent par leur ensemble un *type clinique* bien défini, qui est surtout le fait du siège habituel de la tumeur à la tête de l'organe. *Ictère sombre toujours progressif et sans rémission ; distension énorme de la vésicule biliaire, facilement perceptible à la palpation ; absence d'augmentation de volume du foie ; température habituellement hyponormale ; amaigrissement et cachexie* *rapides*; *courte durée de la maladie* ; quelquefois tumeur à l'épigastre ; décoloration absolue des matières fécales ; pigments biliaires en abondance dans les urines ; albuminurie fréquente.

Plusieurs de ces signes avaient été signalés avant nous ; mais on chercherait en vain dans les auteurs un groupement précis de symptômes de nature à montrer la physionomie clinique de la maladie et à en permettre le diagnostic. Pour M. le Professeur Jaccoud (*Clinique de la Pitié*, 1884-85), « lorsqu'il y a des symptômes, ce ne sont pas des signes de certitude ; ce ne sont que des signes de présomption... » Seul notre maître, M. le Professeur Raymond Tripier, a signalé des caractères exacts dans la thèse de Vernay, Lyon 1884, en lui faisant dire que « en résumé, c'est par la marche précipitée de la maladie, l'amaigrissement rapide, l'ictère progressif et la cachexie, que l'on peut arriver à faire le diagnostic de cancer primitif du pancréas ».

Cependant Vernay n'avait pas posé de diagnostic pendant la vie, et formulait plus loin quelques réserves sur la possibilité de ce diagnostic, en pratique.

Dans notre mémoire de la *Revue de médecine* (1888), nous avons cherché à prouver que dans l'immense majorité des cas, il était possible de faire le diagnostic lorsqu'existaient, outre les signes signalés par M. Tripier, d'autres non moins importants, constitués par l'absence complète de rémissions dans l'ictère, la dilatation de la vésicule biliaire, l'abaissement de la température, la non-augmentation de volume du foie.

Par contre, une série de symptômes, réputés d'une importance capitale, n'ont qu'une valeur très secondaire : telles la sialorrhée, les selles graisseuses, la sécheresse de la bouche, la glycosurie, qui ne sont signalées dans aucune de nos observations. — Nous avons pu ainsi compléter le chapitre du diagnostic différentiel des ictères chroniques ; nous avons plus spécialement indiqué les signes qui le plus souvent permettent de ne pas confondre le cancer de la tête du pancréas avec la lithiase biliaire, l'angiocholite, le cancer primitif du foie, le cancer du foie secondaire à un cancer du tube digestif, le cancer primitif des voies biliaires, le cancer du duodénum et plus particulièrement de l'ampoule de Vater, la cirrhose hypertrophique et l'ictère grave.

En fait, sur sept observations personnelles, le diagnostic a été cinq fois posé pendant la vie.

— Nos conclusions ont été discutées, parfois combattues.

Nous maintenons entières nos premières assertions, dont plusieurs auteurs ont d'ailleurs reconnu la justesse. Il nous suffira de citer la Revue générale de M. de Grandmaison (*Gaz. des hôpitaux*, *1890*), et le récent mémoire de notre collègue et ami M. Bret (*Province médicale*, *1891*); de l'étude des observations qu'il résume ou publie in extenso, il résulte que dans quatorze cas sur dix-huit publiés de 1888 à 1891, les symptômes ont été tels que nous les avons décrits. Nous rappelons d'ailleurs que nous n'avons considéré comme devant constituer un type clinique défini, que le cancer primitif, — et seulement le cancer primitif siégeant à la tête de l'organe, ce qui est la règle.

Ce diagnostic est loin d'avoir un intérêt purement spéculatif : en effet, la maladie dont nous nous sommes occupés n'est pas exceptionnelle, puisque sur 11,142 autopsies, R. Segré, de Milan, aurait trouvé 129 cancers du pancréas ; — et, d'autre part, actuellement, la cholécystotomie ou la cholécystectomie sont journellement pratiquées pour remédier à une oblitération calculeuse du cholédoque ; il y a donc un intérêt majeur à distinguer cette affection du cancer primitif de la tête du pancréas, contre lequel une semblable intervention ne saurait être d'aucune utilité, ainsi que l'a prouvé une de nos observations. La cholécystentérostomie seule pourrait être discutée, mais nous ne croyons pas indiquée une semblable intervention, étant donné qu'il est probable que dans la cachexie prancréatique, la rétention biliaire ne joue pas le principal rôle, et que d'ailleurs l'affaiblissement des malades les rendrait souvent incapables de supporter ce traumatisme chirurgical.

Endocardite végétante a forme infectieuse (I).

Lorsque nous avons publié cette observation. Klebs, Cornil, avaient déjà signalé la présence de microorganismes dans les néoformations de l'endocardite végétante. Toutefois, la nature infectieuse de cette forme d'endocardite n'était pas aussi généralement admise qu'aujourd'hui.

Il s'agissait d'un jeune homme de dix-huit ans, surmené par un travail musculaire au-dessus de ses forces ; à la suite d'une scarlatine, il eut une endocardite avec fièvre intense et prolongée et mourut brusquement.

A l'autopsie, nous trouvâmes un cœur énorme, présentant à la face inférieure des valvules aortiques, des végétations luxuriantes, touffues, dont quelques-unes atteignaient plus d'un centimètre de longueur. — Embolies dans l'humérale, la rate, le vermis superior du cervelet.

— L'étendue des végétations nous expliqua comment la rudesse des bruits perçus pendant la vie à la région précordiale avait pu nous en imposer pour une péricardite.

(Le cœur de ce malade figure actuellement au nombre des pièces du musée d'anatomie pathologique de M. le professeur R. Tripier.)

DE L'INTERVENTION CHIRURGICALE

DANS LES

PÉRITONITES TUBERCULEUSES

Généralisées et localisées (VI).

Ce travail repose sur l'étude détaillée de 133 observations, dont 87 concernent des malades traités médicalement et 46 des malades traités chirurgicalement. C'est dire que notre étude serait mieux intitulée : *Parallèle entre le traitement médical et le traitement chirurgical des péritonites tuberculeuses.*

Nos 87 malades traités médicalement ont tous été directement observés par nous-même ou par nos maîtres, dans les hôpitaux de Lyon ; sur les 46 observations de malades traités par l'intervention, 8 nous sont personnelles et ont été recueillies par nous ou par nos collègues d'internat, dans les services de notre maître M. le professeur Poncet et de M. Maurice Pollosson ; parmi les autres, un certain nombre ont été relevées dans des publications françaises, et 48 sont des traductions inédites faites sur des publications d'origine allemande, anglaise ou américaine, italienne et suédoise, avec le concours de plusieurs de nos collègues, et en particulier de notre ami L. Dor.

Nous avons étudié, dans une 1re partie, les *péritonites tuberculeuses généralisées*, dans une 2me partie, les *péritonites tuberculeuses localisées.*

PREMIÈRE PARTIE

Péritonites tuberculeuses généralisées.

L'idée qui nous a dirigé dans toute cette étude, est celle de la nécessité absolue où se trouve le clinicien, pour juger de la valeur d'un traitement quelconque de la périto-nite tuberculeuse, d'envisager son action, non pas *en bloc* dans toutes les péritonites tuberculeuses, — ainsi que cela avait constamment été fait avant nous, — mais *séparément*, dans chaque forme clinique.

Nous avons adopté, pour les formes cliniques, la *classification anatomo-pathologique* proposée par Boulland dans sa thèse (Paris, 1885), et suivie par MM. Spillmann et Ganzinotty dans leur article du Dictionnaire Encyclopédique.

Ces auteurs décrivent à la péritonite tuberculeuse trois formes principales :

FORMES { Miliaire aiguë. / Ulcéreuse. / Fibreuse,

Au point de vue spécial de l'intervention, nous avons cru devoir subdiviser la forme ulcéreuse en ulcéreuse sèche et ulcéreuse suppurée ; on pourrait aussi les désiguer sous le nom de caséeuse simple et caséeuse suppurée ou ramollie ; nous avons adopté la première dénomination pour suivre autant que possible la terminologie des auteurs qui nous ont précédés; elle a l'avantage d'indiquer la coïncidence ordinaire d'ulcérations intestinales.

Les renseignements fournis par les autopsies ou les laparotomies nous ont de même amené à subdiviser la forme fibreuse en sèche et en ascitique ; dans la forme ascitique il faut distinguer une forme ascitique enkystée et une forme ascitique généralisée. Enfin, il y a des formes mixtes (p. 196 de notre étude).

En outre, il faut envisager séparément chacune de ces formes chez l'enfant et chez l'adulte.

C'est en suivant ce plan général que nous avons successivement étudié chez l'enfant et chez l'adulte la valeur du traitement médical et du traitement chirurgical.

Dans notre **premier chapitre**, nous avons étudié la curabilité de la péritonite tuberculeuse par les moyens médicaux ; dans notre **deuxième chapitre**, par l'intervention chirurgicale.

De l'ensemble de cette étude parallèle, se dégagent les conclusions suivantes :

A. — CHEZ L'ENFANT, la tuberculose péritonéale doit être distinguée en :

Tuberculose miliaire aiguë, qui ne guérit pas;

Forme ulcéreuse sèche qui paraît s'améliorer dans 21,05 des cas; n'a jamais été traitée par l'intervention, non plus que la *forme ulcéreuse suppurée*, qui a donné à la Charité de Lyon 11,76 d'amélioration (par ouverture spontanée);

Forme fibreuse sèche, qui donne une proportion de 62,5 % d'amélioration par les moyens médicaux, n'a pas été traitée par la laparotomie;

Forme fibreuse avec épanchement, généralisé ou enkysté, qui a guéri toutes les fois qu'on l'a traitée par la laparotomie, et n'a guéri que dans 66,66 % des cas traités médicalement.

B. — CHEZ L'ADULTE :

La *forme miliaire aiguë* ne guérit pas ;

Les *formes ulcéreuses* ne guérissent presque jamais ; elles ont donné, traitées par la laparotomie, la forme *ulcéreuse sèche*, 100 % d'insuccès; la forme *ulcéreuse suppurée*, 50 % de succès;

La *forme fibreuse sèche*, qui guérit quelquefois par les moyens médicaux, a donné lieu à des guérisons opératoires dans trois cas sur trois;

La *forme ascitique généralisée*, qui guérit dans les services de médecine dans là proportion de 5,88 °/₀ des cas, et est améliorée dans 11,76 °/₀, a donné lieu à des succès opératoires dans 35,71 cas sur 100, plus des 2/3 des succès ayant été suivis de guérison longtemps constatée ;

La *forme ascitique enkystée*, que l'on observe habituellement en chirurgie, a donné 100 °/₀ de succès, dont 50 °/₀ constatés plus de six mois ou plus d'un an après l'opération.

— En conséquence, la laparotomie donne, en général, d'excellents résultats dans la forme ascitique enkystée, de bons dans la forme ascitique généralisée, des résultats variables dans la forme fibreuse sèche, médiocres dans la péritonite ulcéreuse suppurée, et nuls dans la forme ulcéreuse sèche.

Notre **troisième chapitre** est consacré à l'étude des indications et des contre-indications de l'intervention chirurgicale (laparotomie).

Les indications sont absolues ou relatives.

Indications absolues : occlusion ou perforation intestinale ; empyème péritonéal ; épanchement abondant, sans hyperthermie, menaçant immédiatement la vie.

Pour apprécier la valeur des **indications relatives**, il faut tenir compte de la *forme clinique* et des *circonstances du fait*.

Forme ascitique, à épanchement moyen, indication formelle, sauf

trois contre-indications :
- *a)* État fébrile.
- *b)* Symptômes pulmonaires assez avancés (2ᵉ degré).
- *c)* Signes d'ulcérations intestinales.

Forme fibreuse sèche : laparotomie discutable, sauf indication d'urgence (occlusion intestinale).

Forme ulcéreuse : laparotomie contre-indiquée, sauf indication d'urgence (suppuration).

Forme granulique : contre-indication absolue à *toute* intervention.

Au cas de coïncidence d'un épanchement ascitique avec de l'hyperthermie, la ponction nous paraît préférable à la laparotomie, qui risquerait de provoquer une généralisation aiguë ou d'accélérer une tuberculose à marche chronique.

En effet, on a dit et répété que la laparotomie, dans tous les cas de péritonite ascitique, était inoffensive ; c'est une exagération, puisque dans un de nos cas de ce genre (Obs. XXXVIII), la laparotomie semble avoir provoqué une granulie suraiguë. Lorsqu'il y a de la fièvre, même sans signes de localisation pulmonaire, comme dans cette observation, ou que l'état général est mauvais, le chirurgien ne doit agir qu'en cas de danger imminent. Nous avons donc contredit radicalement l'assertion de Maurange (Th. p. 89), pour qui, dans la péritonite ascitique, l'intervention n'est indiquée que lorsque le sujet a de la fièvre hectique, des sueurs nocturnes, de l'hydrothorax. Ce sont là au contraire, et la température en particulier, des signes importants, qui doivent rendre le chirurgien très prudent.

En ce qui concerne plus spécialement la coexistence avec la tuberculose péritonéale de signes de phtisie pulmonaire, nous croyons que l'opération est contre-indiquée lorsqu'il existe des signes de ramollissement pulmonaire ou d'épanchement pleural avec fièvre, mais nous croyons surtout qu'il faut tenir compte d'un ensemble de symptômes plutôt que d'un seul, et chercher quelle est l'affection dominante.

Si le tuberculeux est un péritonéal (chronique), opérer; s'il est un pulmonaire, s'abstenir.

— Dans notre **Chapitre IV**, nous étudions le *Manuel opératoire* de la laparotomie dans la péritonite tuberculeuse, et insistons sur l'importance de l'asepsie. — Nous avons connu trop tardivement le traitement de **M.** le professeur Debove (ponction suivie de lavage), pour pouvoir l'expérimenter sur nos malades.

— Le **Chapitre V** est consacré à l'étude du *mode d'action de la laparotomie.*
Parmi les péritonites tuberculeuses, il en est qui sont des maladies générales, d'autres qui ont des allures de maladies locales. Celles-ci, seulement, peuvent guérir.

Comparant les résultats de la non-intervention et de l'intervention, nous remarquons que dans les deux cas, les formes qui guérissent sont le plus souvent des formes ascitiques. Donc, les tuberculoses péritonéales qui guérissent chirurgicalement, sont celles qui guérissent médicalement.

L'intervention a seulement pour résultat de les faire guérir plus souvent et plus rapidement, en accélérant le processus fibro-formateur de guérison.

La laparotomie peut provoquer une pareille évolution, par ce que telle est la tendance naturelle des péritonites ascitiques, qui ont plus d'une analogie avec les tuberculoses locales. Elles restent locales, probablement parce que leur virus est atténué ; de même que les tuberculoses articulaires sont et restent locales parce que le virus qui les a engendrées est atténué. (Dor et Courmont; *Comptes rendus, Académie des Sciences,* novembre 1890).—L'anatomie générale rapproche le péritoine des séreuses articulaires ; ne pourrait-on donc pas raisonner par analogie, et dire que, de même que les synoviales articulaires, le péritoine peut être, dans certains cas, un terrain suffisant à l'implantation d'un virus trop atténué pour produire des lésions viscérales ? — Lorsque le virus est plus actif, il se produit des lésions ulcéreuses ou miliaire aiguë, peu ou pas influencées par l'intervention chirurgicale.

On avait supposé que la laparotomie (ou la ponction) pouvait agir en soustrayant un bouillon de culture ; chez deux de nos malades, nous avons prié M. Poncet de vouloir bien réséquer un fragment de tubercule péritonéal, et chez l'une d'elles, nous avons recueilli un peu de liquide ascitique. Notre collègue et ami Courmont a eu l'obligeance de faire, avec ces tubercules et ce liquide, des inoculations à des cobayes.

Les deux cobayes inoculés par voie sous-cutanée, avec des tubercules péritonéaux, furent sacrifiés et présentèrent des lésions tuberculeuses avancées ; — le cobaye ayant reçu 5 centimètres cubes de liquide péritonéal dans le péritoine, est mort trente-trois jours après, sans lésions apparentes à l'autopsie.

Nous en avions conclu que chez ces deux malades, qui d'ailleurs ont parfaitement guéri (nos observations XLII et XLIII), les lésions du péritoine étaient bien tuberculeuses, mais que le liquide ascitique n'était pas virulent. Aujourd'hui, connaissant les travaux de M. le professeur Debove et MM. Rémond et Renault (*Soc. méd. hôp.*, avril 1891), sur la présence de produits spécifiques, analogues à la toxine de Koch, dans les épanchements des tuberculeux, M. Courmont et moi pensons que le cobaye inoculé avec le liquide est mort d'intoxication à forme lente par la tuberculine. Il est probable, enfin, de par ces mêmes données expérimentales, qu'un des moyens d'action de l'intervention (laparotomie ou ponction suivie de lavage), consiste à soustraire une notable quantité de tuberculine, substance éminemment nuisible à l'organisme tuberculeux, puisque, d'après les travaux de MM. Arloing, Rodet et Courmont (voyez Arloing, *Leçons sur la Tuberculose*, Paris, 1892), cette toxine est nocive par un double mécanisme : d'une part, elle provoque la généralisation d'une tuberculose préexistante ; d'autre part, elle prédispose aux tuberculisations ultérieures.

<hr>

DEUXIÈME PARTIE

De l'intervention chirurgicale dans les péritonites tuberculeuses localisées, et en particulier dans les pelvi-péritonites tuberculeuses.

De l'étude de nos observations et de celles antérieurement publiées, il résulte que les affections des trompes sont la cause la plus habituelle des pelvi-péritonites tuberculeuses ; d'autre part, cette inflammation tuberculeuse du petit bassin peut gagner la grande cavité péritonéale. Par conséquent, pour guérir la pelvi-péritonite tuberculeuse et prévenir la généralisation au péritoine, et à toute l'économie, il faut enlever les annexes. Mais le point difficile est de diagnostiquer la nature tuberculeuse de la salpingite. Il existe cependant quelques caractères qui différencient la salpingite tuberculeuse des salpingites inflammatoires chroniques.

En fait, ce diagnostic a rarement été fait d'une façon suffisamment précoce, et il existe peu d'observations où les malades aient été assez longtemps suivies pour qu'on ait pu affirmer l'absence de toute lésion tuberculeuse d'un autre organe. Il en existe plusieurs où, après l'intervention, le processus tuberculeux a poursuivi sa marche en un autre point de l'économie, le poumon notamment, alors que la guérison locale s'est maintenue.

Telle est la partie thérapeutique de notre Étude; mais, accessoirement, nous avons eu l'occasion d'élucider ou de contrôler certains points importants de l'histoire clinique ou anatomo-pathologique des péritonites tuberculeuses généralisées.

En ce qui concerne l'**étiologie**, l'étude d'une série d'observations avec autopsies nous a permis de conclure que, chez l'enfant (garçon ou fille non réglée), la tuberculose péritonéale est le plus souvent primitive, presque aussi fréquemment d'origine intestinale, plus rarement consécutive à une tuberculose pulmonaire; — que, chez l'homme adulte, la péritonite tuberculeuse est le plus souvent primitive ou secondaire à une vieille lésion tuberculeuse des sommets; exceptionnellement secondaire à la tuberculose intestinale. L'assertion de Kœnig, au Congrès de Berlin (1890), au sujet de l'origine intestinale de presque toutes les péritonites tuberculeuses, est donc exagérée: nous n'avons fait, sur ce point, que confirmer les recherches de M. Spillmann, qui, dans sa thèse d'agrégation (1878), a insisté sur l'indépendance pathologique relative de l'intestin et de la séreuse péritonéale. (Voyez p. 78 de notre Étude.)

La péritonite tuberculeuse est plus rare chez l'adulte que chez l'enfant.

Il résulte, en outre, des faits consignés dans notre tableau synoptique B (p. 76 qu'elle est plus fréquente chez la femme que chez l'homme; en effet, notre statistique compte plus de femmes que d'hommes, et cela dans un service qui comprend près de deux fois plus d'hommes que de femmes.

L'explication de ce fait nous a été donnée par notre étude des pelvi-péritonites tuberculeuses (p. 254); elle nous a en effet conduit à conclure, de la fréquente coexistence avec des lésions tuberculeuses des annexes, de lésions de même nature du péritoine, à l'origine fréquemment génitale de la tuberculose péritonéale chez la femme.— La fréquence de la péritonite tuberculeuse chez la femme est donc corrélative à la fréquente propagation, chez elle, de la tuberculose des organes génitaux internes au péritoine.

L'étude anatomo-pathologique des péritonites tuberculeuses observées par nous, soit à l'amphithéâtre, soit sur la table d'opérations, nous a permis de donner, aux p. 187 et 203, des détails inédits sur l'aspect du péritoine, dans les diverses formes de péritonites.

La **marche clinique** de l'affection, dans ses diverses formes, a été étudiée p. 186 et 187.

Aux pages 188 et suivantes, nous avons présenté une étude complète des **complications** les plus fréquentes : ouverture à l'ombilic, fistule purulente, fistule stercorale, péritonite par perforation, occlusion intestinale par coudure, par bride péritonéale ou par masses caséeuses.

Aux pages 56 et suivantes, nous nous sommes appliqué à étudier, spécialement chez l'enfant, le **diagnostic différentiel**, souvent fort difficile, de la péritonite tuberculeuse, avec la cirrhose tuberculeuse de Laure et Honorat, d'Hanot et Lauth ; avec l'ascite idiopathique, la péritonite chronique simple de Tapret, la péritonite suppurée sus-ombilicale de Gauderon ; ce dernier paragraphe constitue en même temps une contribution à l'étude des suppurations dans la fièvre typhoïde.

Les conclusions de notre étude sur les péritonites tuberculeuses ont été discutées, et pour la plupart adoptées, par plusieurs auteurs, et notamment par M. Jalaguier, dans le récent article « Péritonites tuberculeuses » du Traité de chirurgie.

⁓⌒⌒⌒⌒⁓

EXOSTOSES OSTÉOGÉNIQUES MULTIPLES (V).

Ce Mémoire a trait à un squelette ayant appartenu à un homme d'âge moyen, et couvert de 194 exostoses. En raison de leur multiplicité, de leur symétrie, de leur siège au niveau des cartilages juxtà-épiphysaires, nous avons conclu qu'il s'agissait d'exostoses ostéogéniques, après avoir éliminé la syphilis et le rachitisme, ce dernier toutefois avec quelques réserves.

De notre étude, nous avons cru pouvoir tirer quelques conclusions générales sur le mode de développement des trois principales variétés d'exostoses ostéogéniques, suivant qu'elles ont une origine cartilagineuse, périostique, ou chondro-périostique.

Observations isolées, publiées dans divers mémoires ou thèses (VIII).

a). — *Observations IV, X* et *XXV* de la thèse de M. Mouisset. (Sensation de flot dans les épanchements pleuraux. Th. de Lyon, 1887).

b). — *Observation I* de la thèse de M. Sigaud. (Etude de psycho-physiologie ; échomatisme, zoandrie, échokinésie, écholalie. Th. de Lyon, 1890).

c). — Note anatomo-pathologique de l'observation I du mémoire de M. le Professeur Mayet, sur une tumeur du plexus choroïde du 4e ventricule (*Lyon médical*, 1886, t. 53, p. 479).

Communications orales avec présentation de pièces anatomiques

a la Société des Sciences médicales de Lyon (IX).

a). — Hydronéphrose, atrophie secondaire et dégénérescence lipomateuse d'un rein, consécutivement à l'oblitération calculeuse de l'uretère correspondant. (Comptes rendus du *Lyon médical*, 1888, t. 57, p. 19).

b). — Molluscum fibrum verum. (Comptes rendus du *Lyon médical*, 1888, t. 59, p. 595).

c). — Tumeurs polykystiques des ovaires. (Comptes rendus du *Lyon médical*, 1890, t. 64. p. 132).

21137   Paris. — Typogr. et Lithogr. A. Maulde et Cⁱᵉ, rue de Rivoli, 144.

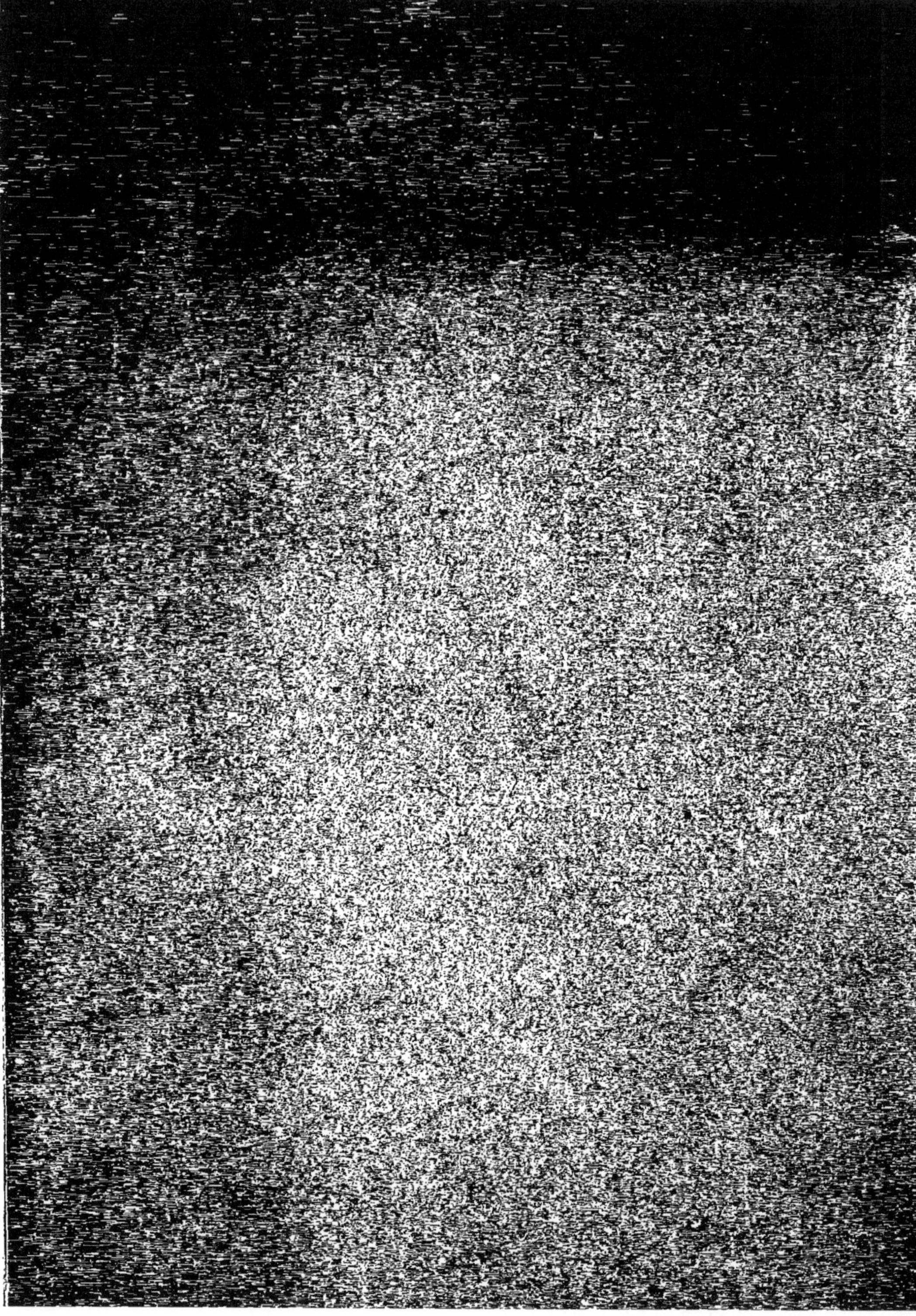

9 782013 617673